I0772642

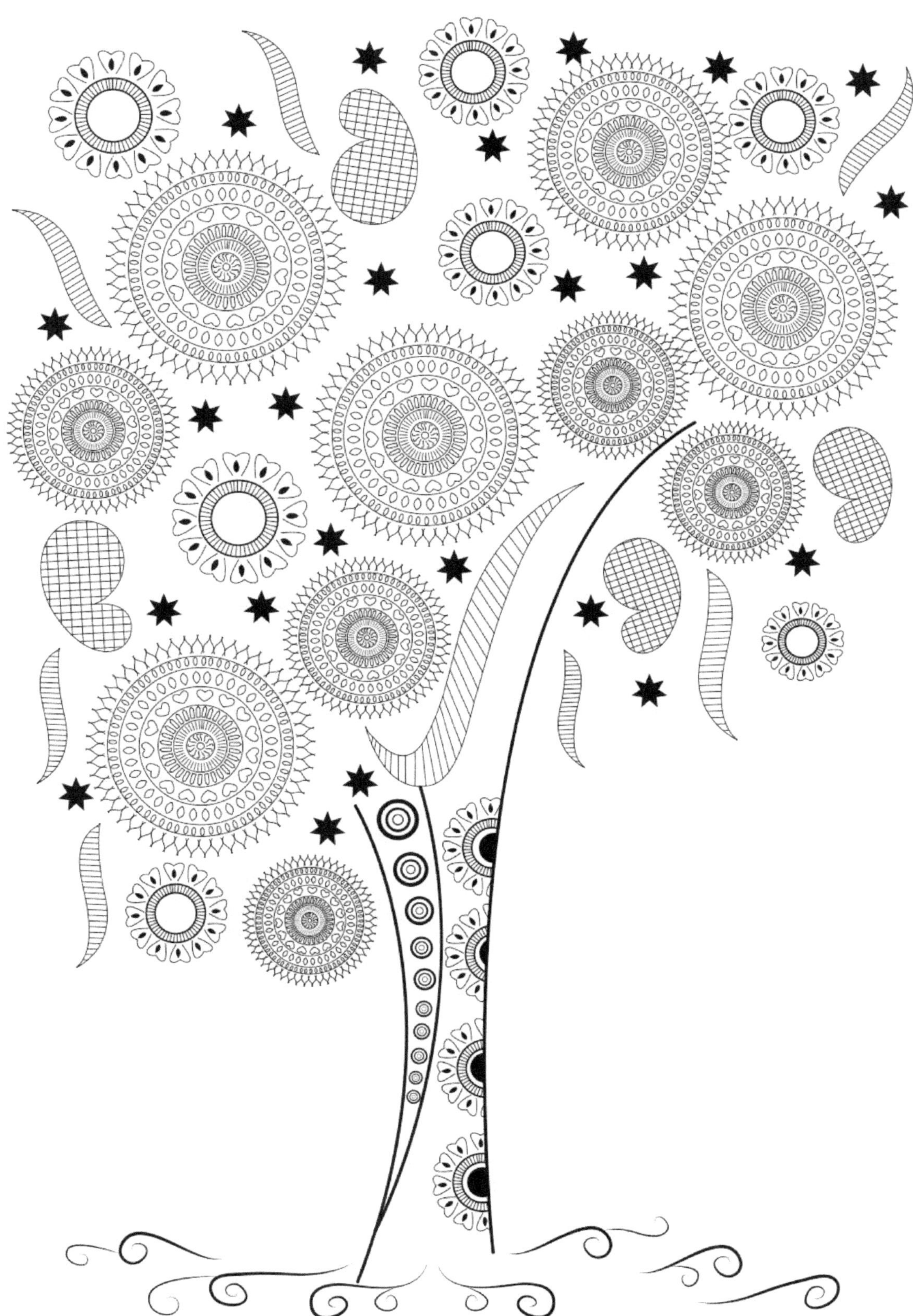

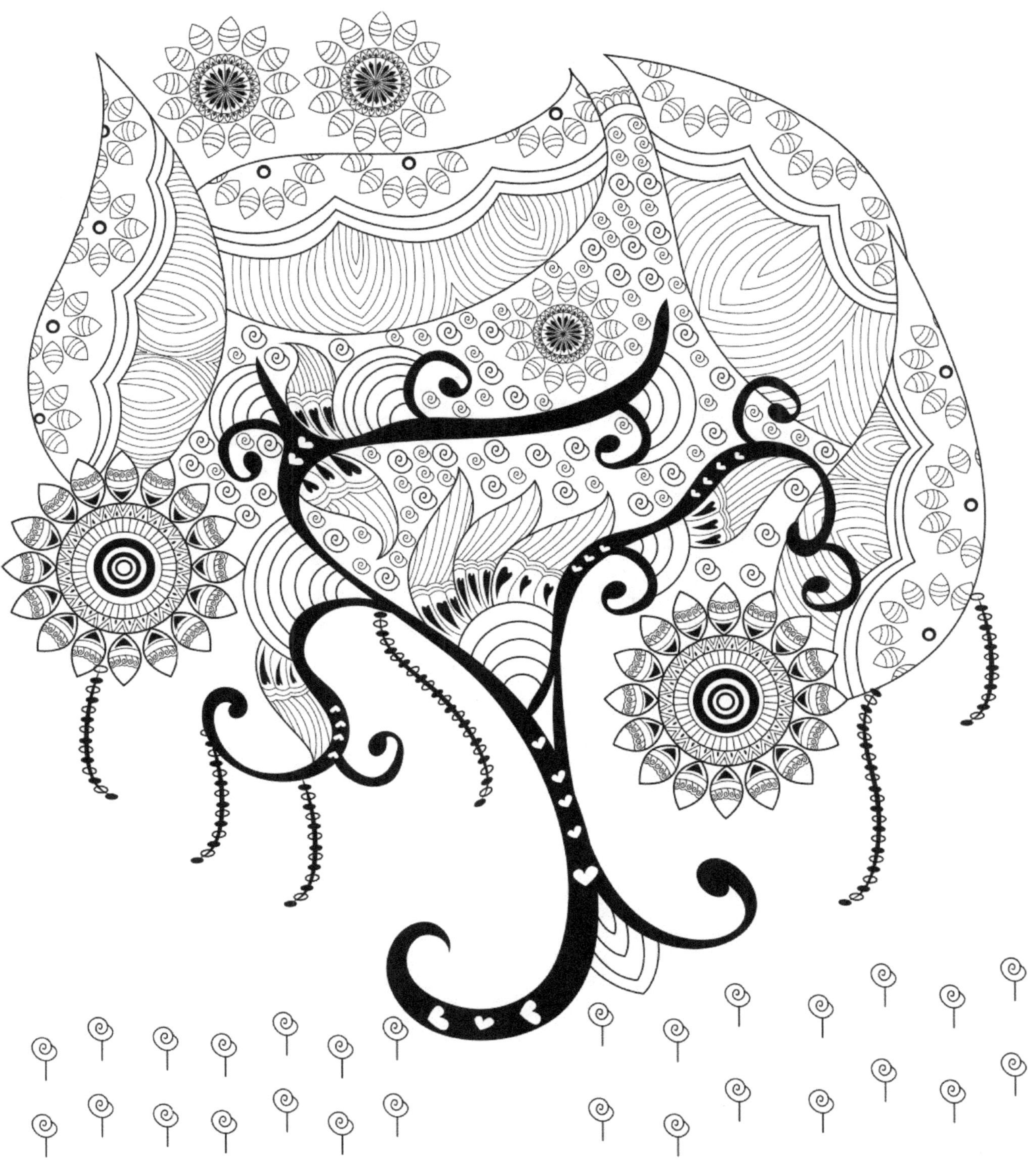

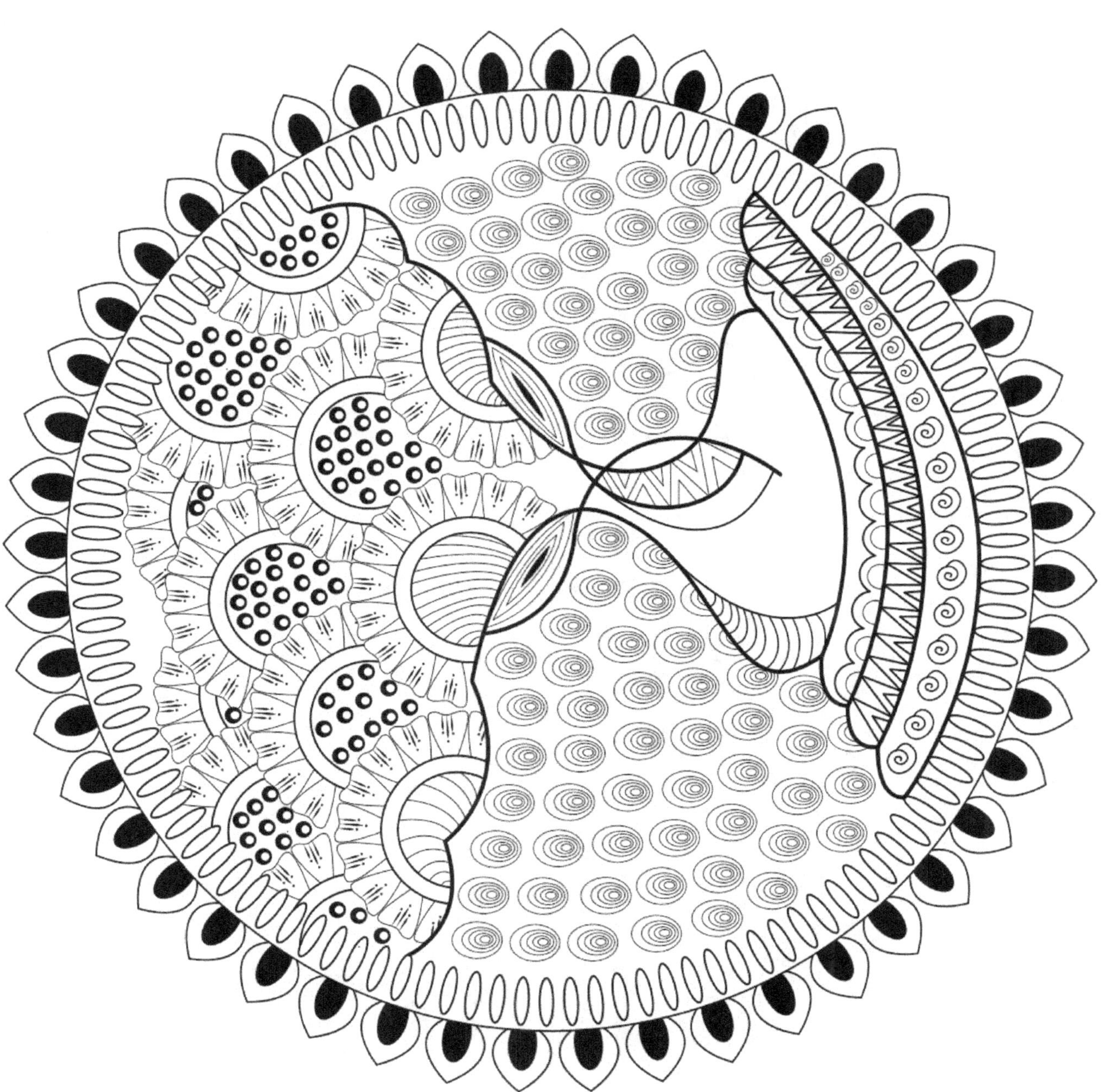

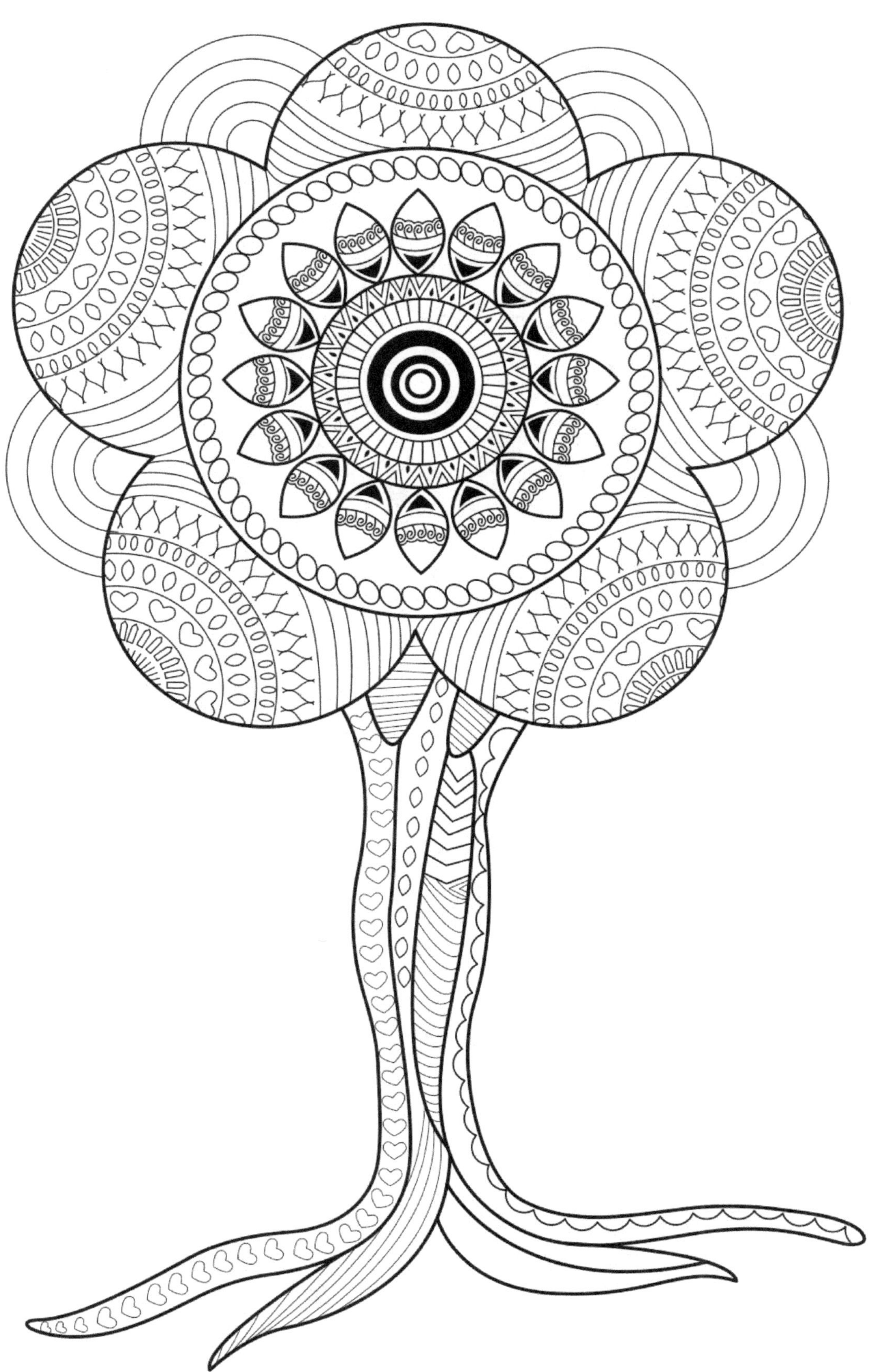

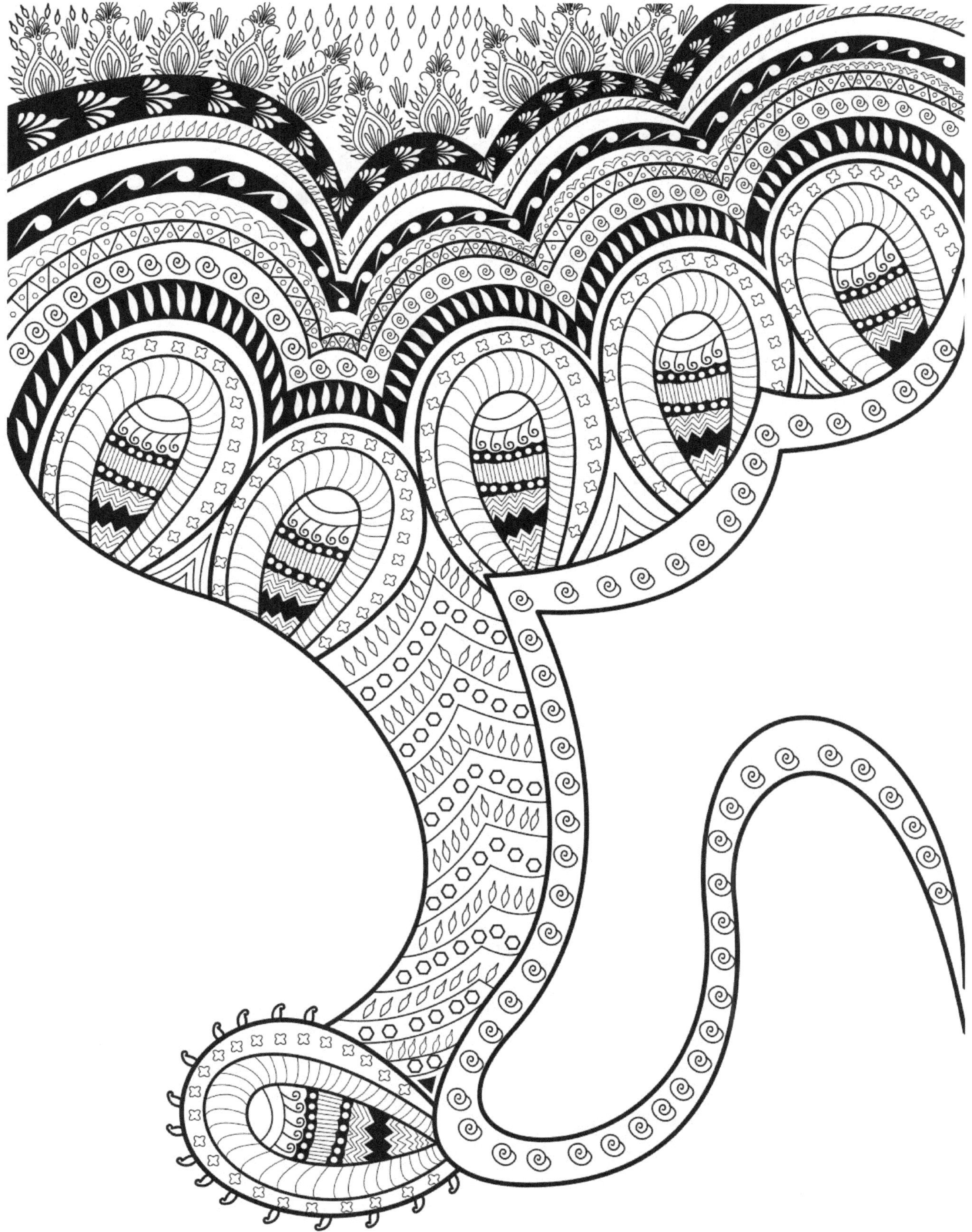

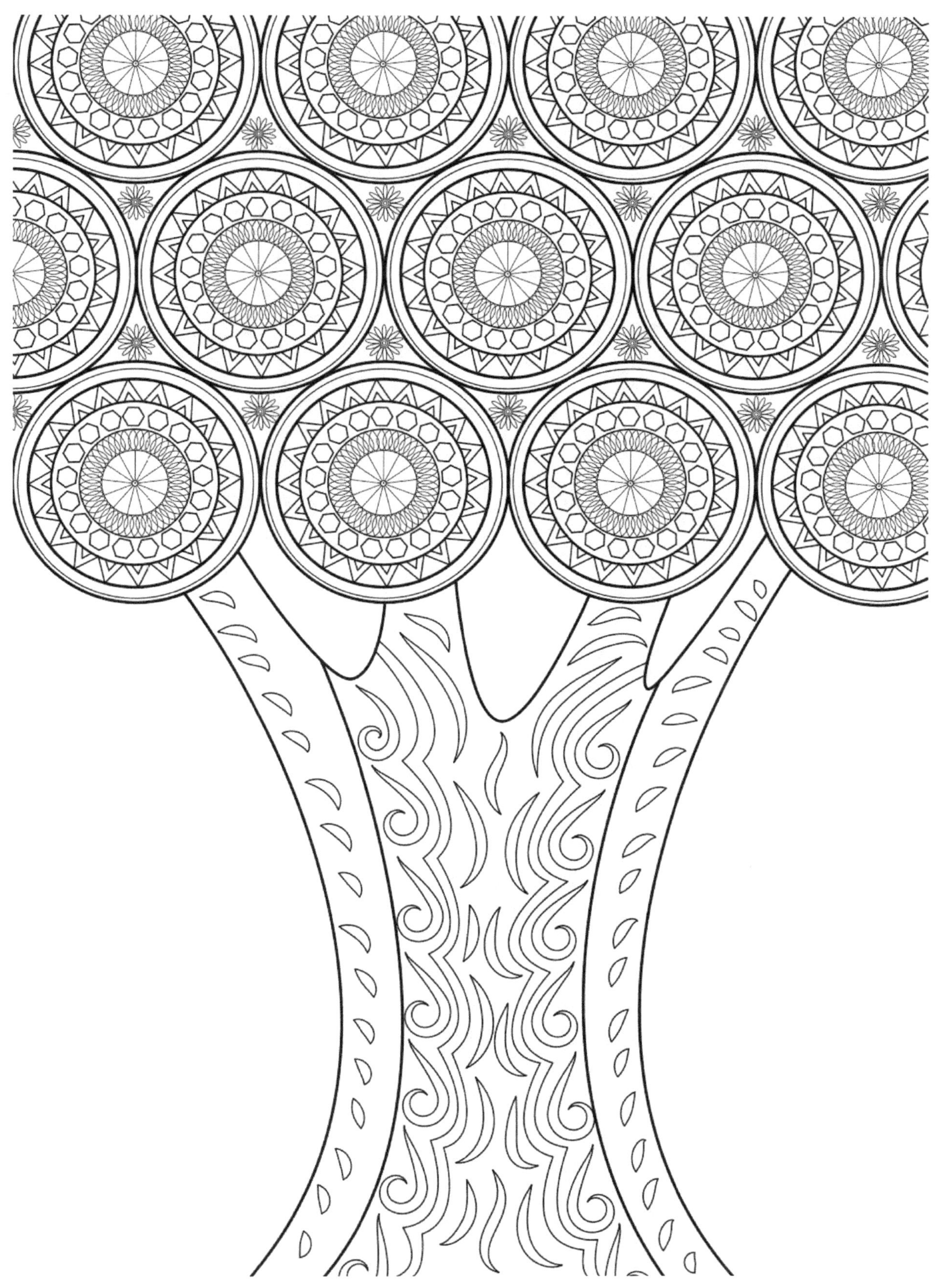

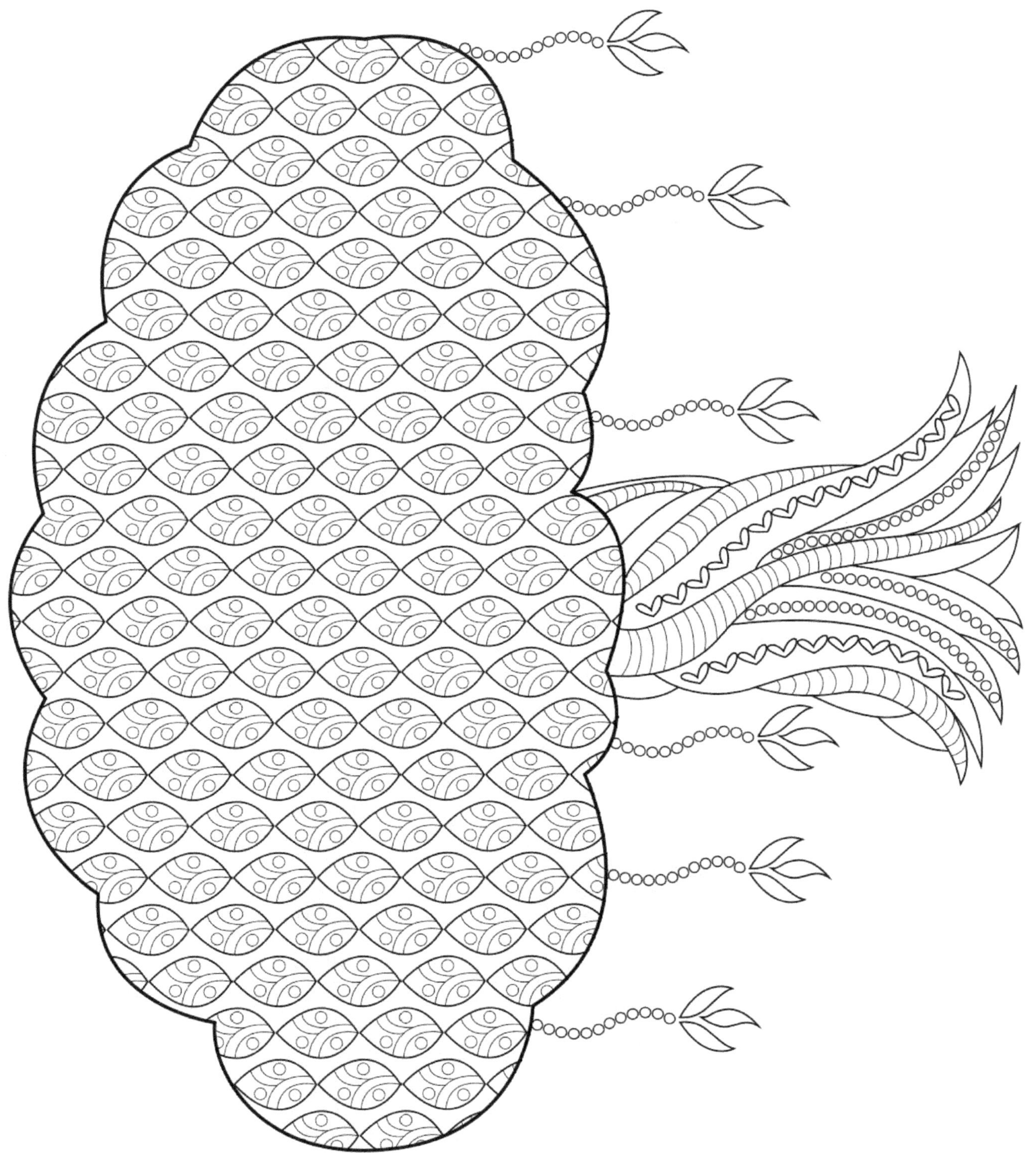